Samuel Cameroun

Le sceau du diable dans le livre de la révélation

Samuel Cameroun

Le sceau du diable dans le livre de la révélation

Apocalypse

Éditions Croix du Salut

Imprint
Any brand names and product names mentioned in this book are subject to trademark, brand or patent protection and are trademarks or registered trademarks of their respective holders. The use of brand names, product names, common names, trade names, product descriptions etc. even without a particular marking in this work is in no way to be construed to mean that such names may be regarded as unrestricted in respect of trademark and brand protection legislation and could thus be used by anyone.

Cover image: www.ingimage.com

Publisher:
Éditions Croix du Salut
is a trademark of
International Book Market Service Ltd., member of OmniScriptum Publishing Group
17 Meldrum Street, Beau Bassin 71504, Mauritius
Printed at: see last page
ISBN: 978-613-7-37210-4

Vingtième Deuxième Etude Biblique / 27

LE SCEAU DU DIABLE

DANS LE LIVRE DE LA

REVELATION : APOCALYPSE

PROLOGUE SUR LA...

Collection de la série chrétienne

" QUE CELUI QUI LIT FASSE ATTENTION ! "

(Mathieu 24 : 15)

Au cours de notre marche spirituelle, nous aborderons les fondamentaux de la saine doctrine chrétienne qui en est la colonne et l'appui de la vérité. D'après l'apôtre Paul encourageant son fidèle compagnon dans 1 Timothée 3 : 14 – 15 il lui écrit : « *Je t'écris ces choses, avec l'espérance d'aller bientôt vers toi, mais afin que tu saches, si je tarde, comment il faut se conduire dans la maison de Dieu, qui est l'Église du Dieu vivant, la colonne et l'appui de la vérité* ». A la suite de l'apôtre Paul, les études de cette série, coupleront tout au long, les thèmes de la doctrine biblique à ceux de la prophétie, car Jésus-Christ exhortant fraternellement l'Eglise qui en est " Membre de son Corps " est toujours présent aux côtés des siens. Pour cela, les enseignements de la présente collection s'appuieront essentiellement sur les livres conjoints de la *Révélation* (*Apocalypse*), juxtaposé à celui de *Daniel*, pour confirmer cette bonne nouvelle du message de l'évangile. Puisque, arrivés à la fin des siècles, la doctrine évangélique, les dix commandements de Moïse et la prophétie ont été recommandés précieusement aux chrétiens authentiques, pour leur servir de boussole dans l'obscurité des ténèbres du mal. Ceci en raison de l'esprit d'égarement qui a conduit à l'apostasie doctrinaire, désormais rendue très populaire, parmi toutes ces communautés de prétention chrétienne que la Bible nomme de « *Babylone La Grande La Mère des Impudiques* ! » *Apocalypse 17 : 5.*

Aussi, devons-nous chercher Dieu avec toutes nos forces, nous qui sommes la génération parvenue au terminal de l'histoire de ce monde destiné à sa ruine imminente et éternelle! C'est Jésus seul, qui en a déterminé les conditions de salut pour quiconque veut sincèrement échapper en sortant de ce monde d'impies. Car il le déclare solennellement : « *personne ne peut venir à lui si le Père ne l'attire...* » Cependant une fois venue au Seigneur, sachons également que Jésus ajoute : « *nul ne peut aller à Dieu sans passer par Lui (Jésus)* ». Finalement quel est le but de notre marche chrétienne ? Et qu'est-ce que l'Eglise du Christ ? Peut-elle être une organisation dénominationnelle ? – Les Assemblées chrétiennes doivent-elles dépendre d'une quelconque agence gouvernementale pour prouver qu'elles sont l'Eglise de Christ ?

Alors que les vrais chrétiens s'apprêtent à faire face à la pire persécution de l'histoire sainte, par le « **666** » qui conditionnera bientôt tout Homme, - Nos finances à l'exemple des dimes doivent-elles être engagées pour nous gagner le ciel ?

- Le Christ est-il encore présent dans ces dénominations appelées Eglises ? - Qui devrait être à la tête de l'Eglise du Christ ? - Comment se construisent actuellement les communautés chrétiennes sous le seul Berger, Jésus-Christ ? - L'Eglise de Christ en a-t-elle de responsables visibles ? - Cette Eglise de Christ peut-elle entretenir la corruption ? Peut-elle tant soi peu compromettre notre salut par quelques doctrines non scripturaires ? Quelle Eglise en effet aujourd'hui, est parfaitement en conformité avec la sainte volonté de Christ révélée dans la Bible ?

Pour toutes ces interrogations et tant d'autres qu'on en oublie certainement, la collection *"Que celui qui lit, fasse attention"*, propose exclusivement des réponses bibliques simples et assez complètes suivant chaque thématique abordée. Les réponses à ces questions ci-dessus en énoncé disons-le, ne seront données qu'aux cœurs humbles, voilà pourquoi la présente série chrétiennes *"Que celui qui lise fasse attention "*, est une suite de messages vivants. Ils ont été conçus en tenant compte des besoins spirituels de notre génération, surtout des prophéties dont la Bible, par la révélation et l'enseignement doctrinaire de Christ, des apôtres et des prophètes d'autrefois, nous invite à scruter jour et nuit sans relâche dans une vie de prière, leur accomplissement, afin de nous donner la force de paraitre debout devant le Fils de Dieu, au dernier jour. Voici la promesse de Christ à son Eglise « *A celui qui vaincra, et qui gardera jusqu'à la fin mes œuvres, je donnerai autorité sur les nations.* » Apocalypse 2 : 26

NB: Sauf indication contraire, les références bibliques citées en études, sont tirées de la version des saintes écritures (Louis Second). Et pour chaque thème, vous pouvez consulter le sommaire en page **55**et **59**. Par l'indication ordinale (question-réponse), toute réaction particulière, pourrait susciter un accompagnement biblique personnalisé et/ou communautaire, tant soit peu, que vous vous manifestiez sur notre site internet, par appel téléphonique WhatsApp ou sur notre adresse électronique marquée au bas de chaque page.

L'Eglise vous présente ainsi une série de *« 27 études bibliques »*, complétant autant de messages vidéos, audio, en version électronique téléchargeable sur le site internet *wwwchrétiens-église.org*. Tout ceci pour un égal nombre de livrets, à offrir progressivement, selon que le Seigneur Yahwéh Dieu, y pourvoira avec miséricorde et grâce en Jésus-Christ !

L'ensemble de cette collection est gratuitement offert, afin de respecter l'esprit de Christ qui nous a recommandé d'en faire don, puisque nous l'avons reçu gratuitement :

ALORS IL N'APPARTIENT A PERSONNE DE VENDRE CETTE PAROLE DE DIEU !

Mais au préalable, nous vous invitons à recevoir la lettre de l'Auteur écrite pour vous les lecteurs. Cette lettre pourrait vous servir de feuille de route et de guide pédagogique. Cependant il n'est jamais chrétien de croire que notre Seigneur agira identiquement dans tous les cas, au cours de votre croissance spirituelle, ou du ministère pastoral d'évangélisation à travers vous. C'est pour cette raison qu'une fois de plus, nous vous invitons à demeurer attentif à sa voix spirituelle, au travers du canal infaillible que représente pour quiconque, la lecture assidue de sa parole, la Bible.

LETTRE D'ENCOURAGEMENT DE L'AUTEUR, POUR VOUS !

Frères et sœurs, que la paix de Dieu qui surpasse toute intelligence, garde vos pensées en Jésus-Christ ! ».

Soyez la bienvenue, en empruntant avec l'Eglise, la petite voie très resserrée qui mène dans l'éternité, et dont seul Le Fils de Dieu, en est Le Guide et Le Souverain Berger…

Avant toute chose, nous vous conseillerons durant votre étude biblique, d'être critiques du sens des doctrines que ces saintes lettres aborderont. En cela, vous serez entrain de suivre les recommandations des Apôtres selon Actes 17 : 11. « Ces Juifs avaient des sentiments plus nobles que ceux de Thessalonique ; ils reçurent la parole avec beaucoup d'empressement, et ils examinaient chaque jour les Écritures, pour voir si ce qu'on leur disait était exact. »

Durant votre croissance chrétienne, lisez régulièrement votre Bible. Ecoutez le Saint-Esprit. Partagez cette richesse avec d'autres. Soyez généreux, surtout envers votre entourage. Sachez encourager des initiatives d'étude communautaire. Eprouvez ceux qui par esprit de vaine critique, vous taxeront de sectaire. Luttez sans vous laissez distraire par les ennemis de vos âmes. Simplifiez-vous la vie chrétienne. Assistez les démunies de votre voisinage, à commencer par les membres de votre famille. Impliquez-vous dans des campagnes d'évangélisation publique. Exploitez tous les créneaux de communication, et repandez la bonne nouvelle comme des semeurs de Vie !

N'ignorez personne dans vos prières. Appelez la faveur de Yahwéh Dieu sur ceux qui vous écoutent, mais également sur ceux qui vous résisteront. « N'ayez aucun ennemi…, vivez en paix avec tous…, et soyez en parfait harmonie… », Avec l'ensemble de l'Eglise locale de Christ dans le pays, la ville ou le quartier de vote résidence.

Frères et sœurs, « fuyez le péché » et « soyez saint » car « notre Dieu est Saint. » Et par reconnaissance à Dieu de vous avoir sauvé et envoyé, « chantez-Lui sans cesse des cantiques spirituels sous l'inspiration de son Esprit. »

Comme vous avez « reçu gratuitement », veuillez à ne pas briser cette chaine de solidarité ! Avec de nouveaux disciples, commencez par présentez l'évangile, puis abordez des thèmes doctrinaux en fonction de votre auditoire et de leurs besoins spirituels. Vous pourrez choisir les thèmes qui vous conviennent à vous, en obéissant à la voix du Saint-Esprit. Et comme « l'eunuque Ethiopien » sachez que Christ les rejoindra sur la route quand vous vous mettrez en peine de le leur enseigner, surtout à la jeunesse. Donnez-vous à vos Frères chrétiens « comme une offrande à Dieu », car « la moisson est abondante mais les ouvriers sont peu nombreux. » Aussi, rappelez-vous de la promesse de Christ dans la parabole des « ouvriers de la dernière heure »

Ainsi « notre joie sera parfaite » de vous savoir en route pour la céleste patrie, étant enfants de Dieu et serviteurs du Christ, si vous avez appris qu'il n'y a « pas de plus grand amour, que de donner sa vie pour ceux qu'on aime ». De même « qu'il y a plus de joie à donner qu'à recevoir »

Enfin, soyez heureux, en attendant notre Sauveur Jésus, qui « n'oubliera pas votre participation à la propagation de l'évangile et du message de la vérité ». N'ayez de crainte, que de Dieu Lui Seul. Et puis, très vite faite nous part de votre témoignage : des dons que le Saint-Esprit vous aura gratifié, en vue de parfaire le corps du Christ. « Soyez bénie en tout point de vue ! »

Alors, « **BIEN AIMES** *», recevez ces études bibliques comme un présent du Seigneur Jésus, transmis par le ministère d'évangélisation depuis son Eglise du Cameroun, par votre dévoué serviteur et modeste frère d'Afrique, qui tient à vous rappeler que Yahwéh Dieu, par son Fils Jésus-Christ, vous aime d'un Amour Eternel. Croyez de même à notre dévouée affection fraternelle, par les arrhes du Saint Esprit. Amen !*

NB: *En fin d'étude biblique, aux* ***Pages (61)*** *et* ***(62)*** *de ce titre, vous trouverez les différents thèmes proposés dans la collection d'étude Biblique " Que celui qui lit fasse attention". Nous rappelons aux lecteurs que cette série d'étude biblique chrétienne est disponible gratuitement pour votre édification au site www.chrétiens-église.org*

SAMUEL CAMEROUN, Apôtre du SEIGNEUR JESUS-CHRIST.
camerounsamuel@gmail.com Tel + 237 690600469 ou + 237 679647767

Texte à lire

Révélation 13 : 1-

***E**t il se tint sur le sable de la mer. Puis je vis monter de la mer une bête qui avait dix cornes et sept têtes, et sur ses cornes dix diadèmes, et sur ses têtes des noms de blasphème. La bête que je vis était semblable à un léopard ; ses pieds étaient comme ceux d'un ours, et sa gueule comme une gueule de lion. Le dragon lui donna sa puissance, et son trône, et une grande autorité.*

Et je vis l'une de ses têtes comme blessée à mort ; mais sa blessure mortelle fut guérie. Et toute la terre était dans l'admiration derrière la bête. Et ils adorèrent le dragon, parce qu'il avait donné l'autorité à la bête ; ils adorèrent la bête, en disant : Qui est semblable à la bête, et qui peut combattre contre elle ?

Et il lui fut donné une bouche qui proférait des paroles arrogantes et des blasphèmes ; et il lui fut donné le pouvoir d'agir pendant quarante-deux mois. Et elle ouvrit sa bouche pour proférer des blasphèmes contre Dieu, pour blasphémer son nom, et son tabernacle, et ceux qui habitent dans le ciel.

Et il lui fut donné de faire la guerre aux saints, et de les vaincre. Et il lui fut donné autorité sur toute tribu, tout peuple, toute langue, et toute nation. Et tous les habitants de la terre l'adoreront, ceux dont le nom n'a pas été écrit dès la fondation du monde dans le livre de vie de l'agneau qui a été immolé.

Si quelqu'un a des oreilles, qu'il entende ! Si quelqu'un mène en captivité, il ira en captivité ; si quelqu'un tue par l'épée, il faut qu'il soit tué par l'épée. C'est ici la persévérance et la foi des saints.

Puis je vis monter de la terre une autre bête, qui avait deux cornes semblables à celles d'un agneau, et qui parlait comme un dragon. Elle exerçait toute l'autorité de la première bête en sa présence, et elle faisait que la terre et ses habitants adoraient la première bête, dont la blessure mortelle avait été guérie. Elle opérait de grands prodiges, même jusqu'à faire descendre du feu du ciel sur la terre, à la vue des hommes.

Et elle séduisait les habitants de la terre par les prodiges qu'il lui était donné d'opérer en présence de la bête, disant aux habitants de la terre de faire une image à la bête qui avait la blessure de l'épée et qui vivait. Et il lui fut donné d'animer l'image de la bête, afin que l'image de la bête parlât, et qu'elle fît que tous ceux qui n'adoreraient pas l'image de la bête fussent tués.

Et elle fit que tous, petits et grands, riches et pauvres, libres et esclaves, reçussent une marque sur leur main droite ou sur leur front, et que personne ne pût acheter ni vendre, sans avoir la marque, le nom de la bête ou le nombre de son nom. C'est ici la sagesse. Que celui qui a de l'intelligence calcule le nombre de la bête. Car c'est un nombre d'homme, et son nombre est six cent soixante-six.

INTRODUCTION

Le livre de l'Apocalypse étant spécialement écrit pour les derniers temps, et Jésus et sa résurrection étant au cœur même de sa révélation, il semble logique de s'attendre à y trouver quelques indications précises concernant l'habitude de l'Eglise d'observer le dimanche en l'honneur de sa résurrection ? Mais également des faits bibliques sur la contrefaçon en attaque de ce jour de Dieu qu'est le sabbat de la part d'une branche déterminante de la guerre au christianisme par la deuxième religion contrefaite c'est-à-dire le faux sabbat islamique du vendredi, permettant ainsi un encadrement diabolique par deux jours avant et après du septième jour, pour effacer le jour éternellement sanctifié du sabbat de samedi !

En effet le livre prophétique de la fin des temps Apocalypse 9 : 14 « *Et disant au sixième ange qui avait la trompette : Délie les quatre anges qui sont liés sur le grand fleuve d'Euphrate.* ». Apocalypse 7 : 1 « *Après cela, je vis quatre anges debout aux quatre coins de la terre ; ils retenaient les quatre vents de la terre, afin qu'il ne soufflât point de vent sur la terre, ni sur la mer, ni sur aucun arbre* » Nous montre quatre anges retenant les quatre vents de la guerre et de la destruction. De toute évidence, ces anges ont contrôlé la guerre au cours des siècles. Nous les voyons ici lâcher la bride des armées du grand empire islamique, connu comme l'empire Turc, là où se trouvent les sources de l'Euphrate. Les eaux représentent des peuples, des foules, des nations. *(Apocalypse 17 : 15 « Et il me dit : Les eaux que tu as vues, sur lesquelles la prostituée est assise, ce sont des peuples, des foules, des nations, et des langues. »)* Le fleuve Euphrate représente donc les peuples habitant ces régions.

LA PROFANATION DU SABBAT PAR L'OBSERVATION DU DIMANCHE ET DU VENDREDI L'APOCALYPSE

Pourtant, fait étrange, dans la Bible qui cite huit passages du dimanche, le dimanche n'est même pas mentionné comme signe du transfert du samedi au dimanche en faveur d'une quelconque sacralisation du premier jour de la semaine. Plus étrange encore, bien que ce jour soit mentionné huit fois dans les autres livres du nouveau testament, n'a jamais fait objet d'adoration par ordre des apôtres de l'en observer comme jour sanctifier par les chrétiens ou du moins par les fidèles du Christ dès les premières heures de la foi. Des millions de chrétiens sincères, aiment leur Bible, adorent Dieu le dimanche. Pourquoi la Bible garde-elle le silence sur ce sujet ? Se pourrait-il que les implications soient bien plus graves ici, qu'il n'y parait ? Exactement ! L'une des prophéties les plus importantes de l'Apocalypse concerne justement l'adoration le jour du dimanche. Une leçon de la série de livre y est consacrée.

On ne peut cependant pas comprendre cette prophétie, si le sujet de notre étude n'est pas clairement compris. Examinons donc les huit passages du nouveau testament qui mentionnent le premier jour de la semaine. S'il y a un commandement ordonnant l'observation du dimanche, nous le trouverons dans l'un de ces passages.

HUIT PASSAGES SUR LE DIMANCHE

1. **Ces trois passages sur la résurrection de Jésus disent-ils que le dimanche est saint ?** *Marc 16 : 9 ; Mathieu 28 : 1 ; Jean 20 : 1*

Réponse : ....Ces textes parlent du ....

Note: La Bible toujours le dimanche, le premier jour de la semaine.

2. **Le quatrième texte dit-il que le dimanche est saint ?**

Marc 16 : 12

Réponse :

....

Note: Ce texte du Nouveau Testament nous donne une information fort intéressante. Le dimanche ne peut être le Sabbat, parce que ce dernier était passé quand le dimanche commençait. *(Voir Mathieu 28 : 1)*

3. **Et le cinquième texte, le dit-il ?** *Luc 24 : 1*

Réponse :

....

Note: Le livre de Luc fut écrit par un pagano-chrétien, trente ans après l'ascension de Christ, mais il ne mentionne aucun changement du jour d'adoration.

4. **Le sixième passage parle-t-il d'un service religieux régulier le dimanche?**

Jean 20 : 19

« Ils étaient réunis par .... des .... »

Note: Cette réunion ne pouvait être tenue en l'honneur de la résurrection du Christ, et moins encore sur une base régulière, puisqu'il faut attendre que Jésus se présente au milieu d'eux pour que les disciples croient en sa résurrection ! *(Marc 16 : 14)*

Le septième texte répons à plusieurs questions.

1 Corinthiens 16 : 12

5. **Dit-il que le premier jour est saint ?** ....

6. **Demande-il de mettre l'argent dans la sébile passée pendant le service religieux, le premier jour ?** ....

Note: Au contraire il dit : « ....que chacun, ... le premier jour de la semaine, mette à part .... »

7. Qu'impliquent les mots *« chez lui »* ?

Réponse : Qu'ils ne se .... pas à l'Eglise le ....jour.

Note: Paul organisait une collecte de fonds en faveur des chrétiens de Jérusalem, qui souffraient de la famine. *Actes 11 : 27-30 ; Romains 15 : 26*. Il écrivit donc à l'avance, à toutes les Eglises qu'il devait visiter, pour que chacun prépare « Chez lui » un don que l'apôtre prendrait en passant. Ces chrétiens observaient le Sabbat et faisaient leur compte le dimanche. Aussi, était ce moment idéal pour planifier leurs offrandes.
Le huitième et dernier texte du nouveau testament : *Actes 20 : 7-11*

8. Dit-il d'observer le dimanche comme jour sanctifié ?................................

9. Dit-il que le Sabbat est transféré au dimanche ?

....

10. Dit-il qu'ils se rencontraient chaque dimanche pour adorer ? ....

Note: Paul accomplissait un voyage d'adieu aux Eglises. *Actes 20 et 21* mentionnent au moins cinq autres églises visitées par l'apôtre au cours de ce voyage. Cette réunion à Troas était spéciale. C'est pourquoi, elle dura jusqu'à minuit.

LE JOUR DU SEIGNEUR

11. Si le Sabbat avait été changé, Paul nous l'aurait-il dit ?

Actes 20 : 27

Oui, car Paul dit avoir annoncé ....*le* ....*de Dieu.*

Note: Le livre des actes couvre une période de 23 années après l'Ascension et mentionne huit fois le Sabbat. Jamais, pourtant, il n'indique le plus petit changement.

12. Les disciples pouvaient-ils changer le jour du repos s'ils le souhaitaient ? *Mathieu 5 : 18 ; Deutéronome 4 : 2*

Réponse :

....

Note: La stratégie de Satan est de nous amener à transgresser un seul commandement. Pourquoi ? *Jacques 2 : 10-12*

Si vous en transgressez ...., vous les transgressez ....

Note: La loi de Dieu est comme une forteresse à dix côtés. L'ennemi n'a besoin que de renverser un côté pour pouvoir pénétrer. Jésus parle du *« jour du Seigneur »* qui fait référence au jour du retour de Jésus et dont de celui de la fin du monde, non pas comme aiment à le penser et dire ces églises babyloniennes qui le confondent volontairement ou par ignorance, toute fois la sentence de Dieu ne tiendra en excuse quiconque d'avoir été confus par quelques mensonges, surtout que le cas de nos élans de quête de la vérité Jésus nous dispense par cette série d'études bibliques de la collection *'' Que Celui Qui Lit Fasse Attention ! ''*

13. Quel jour est-ce ? *Apocalypse 1 : 10 ; Exode 20 : 10 ; Esaie 58 : 13 ; Marc 2 : 28.*

Le jour du Seigneur est le ………………………………………….. .

Note: Les gens appellent parfois le dimanche « Jour du Seigneur », mais la Bible donne ce jour au glorieux et saint dernier jour du retour du Seigneur lors de son avènement à la dernière trompette accompagné de tous ses anges.

UN MEMORIAL DE LA RESURECTION DE JESUS-CHRIST.

14. Comment la Bible appelle-t-elle le dimanche ?

Ezéchiel 46 : 1

Un des six jours ....

15. D'où vient la sainteté du dimanche ?

Mathieu 15 : 3-9

Des .... Et commandements d'..............

Note: Des Hommes égarés ont substitués un autre jour au jour d'adoration du Sabbat.

16. Qu'a donné Jésus pour commémorer sa mort, son ensevelissement et sa résurrection ? *Romains 6 : 3 – 6 ; Colossiens 2 : 12*

Réponse : *Le* ....

Note: Ni Jésus, ni les disciples, n'ont donné un ordre quelconque enjoignant d'observer le dimanche comme mémorial de la résurrection. Au contraire, Jésus institua le BAPTEME et la SAINTE CENE pour commémorer sa mort, son ensevelissement et sa résurrection.

LE CHANGEMENT DE CALENDRIER

Note: Les Romains, qui gouvernaient la Palestine de temps de Jésus, ont proposé au monde moderne actuel leur calendrier Gréco-romains. Un seul changement a dû être fait et il n'impliqua pas le cycle hebdomadaire. En octobre 1582, on sauta dix jours. Le jeudi 4 fut suivi du vendredi 15. De ce fait, le Sabbat sur nos calendriers est exactement le même que celui que gardait Jésus.

Le cycle de la Semaine ne fut Pas brisé :

Octobre 1583

Dim	Lun	Mar	Mer	Jeu	Ven	Sam
	1	2	3	4	15	16
17	18	19	20	21	22	23
24	25	26	27	28	29	30
31						

CLOUE A LA CROIX

17. Quels Sabbats ne sont plus obligatoires depuis la croix ? Colossiens 2 : 14 – 17

Ceux qui étaient « l'.................................. des choses à .... »

Note: Les jours des fêtes annuelles étaient aussi appelés « Sabbats » (féries) et faisaient partis des LOIS CEREMONIELLES, lesquelles préfiguraient certains aspects du ministère de Christ dans le plan du salut. Chaque année, il tombait sur un jour différent de la semaine. Ils représentaient la mort sacrificielle et le ministère de prêtrise de Jésus encore à venir. *(Hébreux 10 : 1)*. Par ce moyen enseignait l'évangile, à Israël *(Hébreux 4 : 1 – 2)*. Par exemple, le Sabbat annuel de la pâque préfigurait les souffrances et la mort de Christ *(1 Corinthiens 5 : 13)*. Tous ces Sabbats annuels disparurent à la croix. Ils ne faisaient pas partie de la loi de Dieu, les dix commandements, la loi parfaite et éternelle qui nous enjoint de garder le Sabbat du septième jour. *(Psaume 19 : 8 ; 111 : 7- 8)*

18. Que disent les Eglises observatrices du dimanche à ce sujet ?

A. **Baptiste** : « Il y a aucune preuve du changement de l'institution de Sabbat, du septième au premier jour de la semaine » Manuel Baptiste.

B. **Catholique** : « Vous pouvez lire la Bible, de la Genèse à l'Apocalypse, et vous n'y trouverez pas une seule ligne autorisant la sanctification du dimanche ». Cardinal J. Gibson ; « La foi de nos Pères ».

C. **Autres dénominations** : « Il n'existe nulle part, dans la Bible, aucune indication d'un tel changement » Observation du Premier Jour

D. **Eglise du Christ** : « Je ne crois pas que le Jour du Seigneur ait été transféré du septième au premier jour ». Alexander Campbell ; « Washington Reporter », 8 octobre 1821.

E. **Episcopale** : « Ya-t-il un commandement dans le nouveau testament de changer le jour du repos hebdomadaire, du samedi au dimanche ? Aucune ». Manuel de Doctrine Chrétienne.

F. **Méthodiste** : « Prenez la question du dimanche... il n'y a aucun passage disant aux chrétiens d'observer ce jour ». Harris Franklin Rall ; Christian Advocate, 2 juillet 1942.

G. **Luthérienne** : « Le Sabbat Chrétien (dimanche) ne se trouve pas dans les écritures ». Dwight's Theology, Vol. « 4 ».

MON AMOUR ET MON OBEISSANCE

19. L'Apocalypse dit-elle que le peuple de Dieu garde ses commandements ? Oui. Trois fois, *Apocalypse 12 : 17 ; 14 : 12 ; 22 : 14* Pourquoi ? *Hébreux 5 : 9* « *Il est ……………………pour ……………..ceux qui lui …………………..l'……….d'un ………………..éternel* ».

Note: Dans l'Apocalypse, Jésus insiste sur le fait que le salut est pour ceux qui obéissent et non pour les désobéissants. *Mathieu 7 : 21-23* rend évident que bien des membres d'églises, actifs, seront choqués quand ils se verront refuser l'entrée du ciel à cause de leur désobéissance et ce, en dépit du fait qu'ils avaient réalisé des merveilles au nom du Seigneur.

20. Que nous dit Jésus à ce sujet ? *Mathieu 15 : 3 ; Jean 14 : 15*

« Pourquoi …………………….. -vous le ………………..de Dieu au profit de votre …………………….. »

« Si vous m'…………………………, ……………..mes …………… »

Note: Nous servons celui à qui nous obéissons (*Romains 6 : 16*). Servirons-nous Yahwéh Saint Dieu et l'adorerons-nous en son saint jour, ou servirons-nous et de ce fait adorerons-nous des Hommes égarés qui, qui trompés par Satan, ont remplacé le saint Jour de Dieu par un autre jour ?

21. Voulez-vous être du côté de la tradition et perdre, ou du côté de la vérité et vaincre ?

Réponse :

……………………………………………………………………..

22. Désirez-vous les bénédictions que Dieu donne à quiconque observe le Sabbat ?

Réponse : ………………………………………………………………

LE PEUPLE NE RESPECTAIT PAS LE SABBAT.

Note: Dieu appelle la transgression du Sabbat un péché. Du temps d'Esaie, les gens foulaient aux pieds ce commandement. Les Hommes aujourd'hui, font la même chose. L'ordre de Dieu est de « crier à plein gosier » et de leur expliquer le Sabbat. Jésus le Bon Berger, sait que ses Brebis le suivront avec joie en gardant le Sabbat quand elles comprendront, parce qu'elles aiment leur Maître et veulent lui faire plaisir.

23. Quel jour les élus observeront-ils sur la nouvelle terre ?

Esaie 66 : 22- 23

Le

....

.... .

24. Pour quel motif vais-je obéir à Dieu ?

Jean 14 ; 15

Parce que j'aime mon...

.

25. Que dois-je faire pour adorer Dieu comme Créateur ?

Exode 20 : 8-11

« Souviens-toi du jour du ....pour le ...., car en 6 jours l'Eternel a fait le .... et la .... ».

Note: Dieu ordonne que je sanctifie le Sabbat comme preuve que je l'accepte et l'adore comme le Créateur.

26. Pourquoi l'observation du Sabbat devrait-elle être une source de joie ?

Parce que c'est le jour du ....

Note: N'oubliez pas ! Jésus a participé à la création de toute chose en collaboration avec son Père. (*Jean 1 : 1- 3, 10, 14 ; Hébreux 1 : 1-2 ; Ephésiens 3 : 9 ; Colossiens 1 : 13-17*). Ceci naturellement, inclut le Sabbat. Le Sabbat donne de la joie aux chrétiens, parce qu'il est axé sur Dieu. C'est **SON JOUR**. Il représente son pouvoir de créer, son amour, sa puissance pour sauver du péché et ses miracles. Et, plus plaisant encore, YAHWEH Saint Dieu a mis ce jour à part pour être avec nous et nous aider à devenir comme Lui. En Eden, Dieu donna à l'Homme deux institutions, afin qu'il soit pleinement heureux- Le mariage et le Sabbat. Dieu est certainement attristé de voir souvent tant de gens, aujourd'hui, ignorer et mésestimer ces deux dons et, à cause de cela, avoir des vies de misère et de malheur. Dans *jean 14 : 15*, Jésus dit : *« Si vous m'aimez gardez mes commandements ».*

27. Aimez-vous suffisamment Jésus pour garder tous ses commandements, sans tarder ?

Réponse :

....

IMPORTANCE DES SABBATS

28. De quels bénéfices étaient accompagnés autrefois l'observation des Sabbats ? Exode 16 : 23 – 29

« *Et Moïse leur dit : C'est ce que l'Éternel a ordonné. Demain est le jour du repos, le sabbat consacré à l'Éternel ; faites cuire ce que vous avez à faire cuire, faites bouillir ce que vous avez à faire bouillir, et mettez en réserve jusqu'au matin tout ce qui restera. Ils le laissèrent jusqu'au matin, comme Moïse l'avait ordonné ; et cela ne devint point infect, et il ne s'y mit point de vers. Moïse dit : Mangez-le aujourd'hui, car c'est le jour du sabbat ; aujourd'hui vous n'en trouverez point dans la campagne. Pendant six jours vous en ramasserez ; mais le septième jour, qui est le sabbat, il n'y en aura point. Le septième jour, quelques-uns du peuple sortirent pour en ramasser, et ils n'en trouvèrent point. Alors l'Éternel dit à Moïse : Jusques à quand refuserez-vous d'observer mes commandements et mes lois ? Considérez que l'Éternel vous a donné le sabbat ; c'est pourquoi il vous donne au sixième jour de la nourriture pour deux jours. Que chacun reste à sa place, et que personne ne sorte du lieu où il est au septième jour. Et le peuple se reposa le septième jour*. » Exode 16 : 4 – 5 « *L'Éternel dit à Moïse : Voici, je ferai pleuvoir pour vous du pain, du haut des cieux. Le peuple sortira, et en ramassera, jour par jour, la quantité nécessaire, afin que je le mette à l'épreuve, et que je voie s'il marchera, ou non, selon ma loi. Le sixième jour, lorsqu'ils prépareront ce qu'ils auront apporté, il s'en trouvera le double de ce qu'ils ramasseront jour par jour.* »

29. Qui avait observé en premier le Sabbat ? Exode 20 : 8 - 11

« Souviens-toi du jour du repos, pour le sanctifier. Tu travailleras six jours, et tu feras tout ton ouvrage. Mais le septième jour est le jour du repos de l'Éternel, ton Dieu : tu ne feras aucun ouvrage, ni toi, ni ton fils, ni ta fille, ni ton serviteur, ni ta, ni ton bétail, ni l'étranger qui est dans tes portes. Car en six jours l'Éternel a fait les cieux, la terre et la mer, et tout ce qui y est contenu, et il s'est reposé le septième jour : c'est pourquoi l'Éternel a béni le jour du repos et l'a sanctifié. »

30. Quelle était la punition du peuple autrefois du refus d'observation des sabbats ? Lévitique 26 : 34 – 37

« Alors le pays jouira de ses sabbats, tout le temps qu'il sera dévasté et que vous serez dans le pays de vos ennemis ; alors le pays se reposera, et jouira de ses sabbats. Tout le temps qu'il sera dévasté, il aura le repos qu'il n'avait pas eu dans vos sabbats, tandis que vous l'habitiez. Je rendrai pusillanime le cœur de ceux d'entre vous qui survivront, dans les pays de leurs ennemis ; le bruit d'une feuille agitée les poursuivra ; ils fuiront comme on fuit devant l'épée, et ils tomberont sans qu'on les poursuive. Ils se renverseront les uns sur les autres comme devant l'épée, sans qu'on les poursuive. Vous ne subsisterez point en présence de vos ennemis »

31. Dieu avait-il permis à son peuple de reconnaitre son jour de repos, et de communion avec Lui exclusivement ? Exode 16 : 4 – 5

« *L'Éternel dit à Moïse : Voici, je ferai pleuvoir pour vous du pain, du haut des cieux. Le peuple sortira, et en ramassera, jour par jour, la quantité nécessaire, afin que je le mette à l'épreuve, et que je voie s'il marchera, ou non, selon ma loi. Le sixième jour, lorsqu'ils prépareront ce qu'ils auront apporté, il s'en trouvera le double de ce qu'ils ramasseront jour par jour.* »

32. Combien d'années a duré la grâce salutaire d'observation du Saint Sabbat, par le peuple israélite dans le désert ? Josué 5 : 6

« *Car les enfants d'Israël avaient marché quarante ans dans le désert.* »

33. Au temps d'Ezéchiel quel était le souci de Dieu ? Ezéchiel 22 : 26

« *Ses sacrificateurs violent ma loi et profanent mes sanctuaires, ils ne distinguent pas ce qui est saint de ce qui est profane, ils ne font pas connaître la différence entre ce qui est impur et ce qui est pur, ils détournent les yeux de mes sabbats, et je suis profané au milieu d'eux.* »

Note: Cela arrive encore aujourd'hui. Plusieurs chefs religieux disent : « *Il y a aucune différence entre le Sabbat et le dimanche* ».

Mais, Dieu répète toujours : « Tu dédaignes mes sanctuaires, tu profanes mes Sabbats » (Ezéchiel 22 : 8)

34. Que dit Dieu à propos des tentatives de changer sa loi ? Deutéronome 4 : 2

« Vous n'ajouterez rien à ce que je vous prescris, et vous n'en retrancherez rien ; mais vous observerez les commandements de l'Éternel, votre Dieu, tels que je vous les prescris. »

Note: Les Eglises populaires sont embarrassées car, comme nous l'avons vu précédemment, virtuellement toutes les Eglises admettent dans leurs textes officiels qu'il y a aucun message dans les écritures en faveur de la sainteté du dimanche.

FAISONS UNE PAUSE, ICI, A LA SUITE DE CETTE SERIE SUR LA PROPHETIE ET LA DOCTRINE D'APOCALYPSE ET LE SCEAU DU DIABLE, AVANT DE CONCLURE NOS PROPOS SUR !

TROIS des QUATRE puissances présentées par ces quatre trompettes, furent déracinées détruites par le pouvoir que Daniel appelle « LA PETITE CORNE » et qui représente la PAPAUTE véritablement sous le nom de" ABOMINATION DE LA DESOLATION". Ce sont les Ostrogoths, les Vandales et les Hérules. Tout ce sang versé et ces guerres féroces préparèrent l'apparition de la ROME PAPALE/ "ABOMINABLE PROFANATEUR" dès que la Rome païenne est détruite. Ainsi, la papauté *"ABOMINABLE PROFANATEUR" (il faut se familiariser avec ce vocable et en faire usage dans la suite de nos études pour respecter ce que notre Seigneur Jésus-Christ nous demande de faire).* Ainsi l'*"ABOMINABLE PROFANATEUR"* pour reprendre notre étude, décrite par Daniel 7 et Apocalypse 13, se présente sur la scène du monde pour établir une contrefaçon du jour du culte (le dimanche), et pour élever la tradition au-dessus de la Bible. Satan met en place un système religieux mondial, erroné, afin de combattre l'Eglise de Dieu. L'influence de l'*"ABOMINABLE PROFANATEUR"* s'exerce sur environ un tiers de l'humanité aujourd'hui.

RAPPEL DES CONQUETES SANGLANTES DE L'ISLAM SIMILAIRES A CELLES DU CATHOLICISME

35. Quand sonne la 5ème trompette, quelle clef est donnée ?

Apocalypse 9 : 1

« Le cinquième ange sonna de la trompette. Et je vis une étoile qui était tombée du ciel sur la terre. La clef du puits de l'abîme lui fut donnée, »

Note: « L'étoile » représente ici Mahomet, l'uns des faux prophètes mentionnés dans la Bible et son coran, la clef contrôlant ses disciples. Ils jaillirent de l'abîme des déserts arabiques et africains et ils livrèrent une guerre fanatique au christianisme. Ainsi, Satan met en place un second système religieux mensonger, avec sa contrefaçon particulière du jour de culte (VENDREDI) et un prétendu livre saint (LE CORAN) pour s'opposer à la BIBLE et à l'EGLISE DE DIEU.

36. Comment les guerriers sont-ils présentés ?

Apocalypse 9 : 3, 7

« De la fumée sortirent des sauterelles, qui se répandirent sur la terre ; et il leur fut donné un pouvoir comme le pouvoir qu'ont les scorpions de la terre. Ces sauterelles ressemblaient à des chevaux préparés pour le combat ; il y avait sur leurs têtes comme des couronnes semblables à de l'or, et leurs visages étaient comme des visages d'hommes. »

Note: Les sauterelles représentent les essaims de nomades (Arabes et Sarrazins) qui sous l'égide de la religion de Mahomet, l'Islam, furent soudés pour former une puissante machine de guerre. Ils conquirent la Perse, la Syrie, l'Egypte, l'Afrique du Nord et l'Espagne. Ils convertirent à l'Islam les deux tiers des chrétiens d'Afrique et d'Asie. Ils introduisirent un faux-prophète (Mahomet), un faux-Sabbat (Vendredi) et une contrefaçon de la Bible (le Coran). Ils rejetèrent Jésus comme le Messie et enseignèrent le salut par les œuvres. Ils menacèrent d'éteindre la lumière de l'évangile. Leurs massacres frappèrent surtout l'empire romain d'Orient.

37. Qui est libéré quand sonne la 6ème trompette ?

Apocalypse 9 : 14 « Et disant au sixième ange qui avait la trompette : Délie les quatre anges qui sont liés sur le grand fleuve d'Euphrate. ».

Note: *Apocalypse 7 : 1 « Après cela, je vis quatre anges debout aux quatre coins de la terre ; ils retenaient les quatre vents de la terre, afin qu'il ne soufflât point de vent sur la terre, ni sur la mer, ni sur aucun arbre »* Nous montre quatre anges retenant les quatre vents de la guerre et de la destruction. De toute évidence, ces anges ont contrôlé la guerre au cours des siècles. Nous les voyons ici lâcher la bride des armées du grand empire islamique, connu comme l'empire Turc, là où se trouvent les sources de l'Euphrate. Les eaux représentent des peuples, des foules, des nations. (*Apocalypse 17 : 15 « Et il me dit : Les eaux que tu as vues, sur lesquelles la prostituée est assise, ce sont des peuples, des foules,* *des nations, et des langues. »)* Le fleuve Euphrate représente donc les peuples habitant ces régions.

CONCLUSION

Nous résumons en disant que la marque du sceau invisible de Dieu est le Saint Esprit donné aux chrétiens par le baptême au nom de Jésus-Christ par immersion dans les eaux. Quand à celle de son sceau visible et de son pouvoir distinctif, c'est le saint Sabbat et son observation. Tandis que la marque ou signe de la puissance de la Bête dans les affaires religieuses est le dimanche et son observation. Des sources catholiques, romaines, trop nombreuses pour être citées ici, témoignent de ce changement. Les risques majeurs de profanation de la parole de Dieu entrainant la prise du signe de la Bête Le '' 666 '', met en cause des profanateurs du saint sabbat de Dieu. Les Eglises populaires sont embarrassées car, comme nous l'avons vu précédemment. Virtuellement toutes ces Eglises admettent dans leurs textes officiels, qu'il y a aucun message dans les écritures en faveur de la sainteté du dimanche. D'où proviendrait alors l'origine du culte du dimanche mondialement admis dans les cultes ? La sentence de dieu contre les adorateurs du signe de la Bête ''666'', pris sur la main par la profanation du saint sabbat, contre l'observation du '' Sunday'' dimanche. Y aurait-il donc un rapport direct entre le culte Solaire originaire de Rome et le dimanche ? De la Rome païenne découle cette doctrine extrabiblique. Elle appelait le 1 er jour de la semaine, le dimanche. Traduit en anglais par SUNDAY qui veut dire littéralement Jour du Soleil. Le "Dies Solis" signifiant "dieu soleil", que Rome adorait avant sa mutation au culte catholique en sa forme actuelle, comment en est-il advenue de la divinité officielle de l'Eglise de Rome ? Une fois le sanctuaire d'Italie, construit dans cette ville, l'impact sur la suite des commandements de Dieu, notamment celui du Sabbat, entrainait la profanation du SAINT SABBAT DE DIEU ! Faisant ainsi du "dieu Soleil", le "dieu" de l'empire sous le règne de son Empereur Constantin. En prenant officiellement ces quartiers généraux dans la cité du VATICAN en 538 selon plusieurs sources historiques, avec pour solennité d'adoration le DIMANCHE. Le dimanche est mieux traduit par l'anglicisme SUNDAY qui signifie "JOUR du SOLEIL", qui s'opposa au SABBAT du SAMEDI. Evidemment à l'origine du prétexte de la nouvelle doctrine, Rome évoquait le dimanche comme jour où le Seigneur fut ressuscité, et conféra la solennité du dimanche d'origine romain, à une volonté divine, une fois le mariage satanique entre les doctrines païennes et les prétendues similitudes entre la résurrection de Jésus le dimanche. Pourtant la volonté parfaite de Dieu qui ne souffrent d'aucune ambigüité dans les tables de l'Alliance, les Dix Commandements déclare bien : « *Souviens-toi du jour du repos, pour le sanctifier.* « *Souviens-toi* » est-il dit comme si Dieu évoquait un certain rappel aux Hommes, sachant qu'ils allaient tous ensemble mettre en berne ce commandement qualifié par ailleurs de signe entre Dieu et son peuple. Nous disons en résumé que la profanation du seul jour éternellement saint qu'est le SABBAT du SAMEDI, est non seulement une volonté malsaine de défier Dieu à travers les dix commandements comme Rome sait le faire si bien, mais qu'il est l'explication certaine de l'application du signe de la Bête sur la main, comme conséquence de la perdition éternelle des âmes, pour avoir poursuivis des intérêts mercantiles, au lieu du DIEU VIVANT. La Bible avertit que tous les habitants du monde vont le prendre ce ''666''. *Apocalypse* (Voir les trois thèmes abordés y consacrant le sujet du ''666 '' de cette série, c'est-à-dire les Thèmes N° 4, 5 et 6 de la présente collection '' Que Celui Qui Lit Fasse Attention ! '') L'observance du Dimanche comme jour de Sabbat en remplacement du Samedi, ne serait-il pas en lien avec la marque du ''666'' sur la main ? *Ezéchiel 20 : 10 – 12* « *Et je les fis sortir du pays d'Égypte, et je les conduisis dans le désert. Je leur donnai mes lois et leur fis connaître mes ordonnances, que l'homme doit mettre en pratique, afin de vivre par elles. Je leur donnai aussi mes sabbats comme un signe entre moi et eux, pour qu'ils connussent que je suis l'Éternel qui les sanctifie.* »

Le soleil qui fut déifié des millénaires durant, sera également l'élément par lequel la sentence de la destruction des Hommes tombera au jugement dernier par Dieu, à la fin du monde. Que les Hommes comprennent très bien les enjeux de leurs actes qu'ils considèrent à tort d'inoffensifs ! NB : Dans la suite de la présente étude Biblique, nous verrons comment il sera bientôt imposé la marque de la Bête ''666'' sur la main, par l'oubli et l'inobservation du quatrième commandement du Sabbat de Dieu, donné à Moïse. QUATRIEME COMMANDEMENT « *Souviens-toi du jour du repos, pour le sanctifier. Tu travailleras six jours, et tu feras tout ton ouvrage. Mais le septième jour est le jour du repos de l'Éternel, ton Dieu : tu ne feras aucun ouvrage, ni toi, ni ton fils, ni ta fille, ni ton serviteur, ni ta servante, ni ton bétail, ni l'étranger qui est dans tes portes. Car en six jours l'Éternel a fait les cieux, la terre et la mer, et tout ce qui y est contenu, et il s'est reposé le septième jour : c'est pourquoi l'Éternel a béni le jour du repos et l'a sanctifié.* » D'où provenait l'origine du culte du dimanche ? De la Rome païenne. Elle appelait le 1 er jour de la semaine, le dimanche. Traduit en anglais par SUNDAY qui veut dire littéralement Jour du Soleil. Sentence de dieu contre les adorateurs du signe de la Bête "666", pris sur la main par la profanation du saint sabbat du samedi, contre l'observation du " Sunday" dimanche. Conséquence de l'abandon du saint sabbat de dieu et de l'adoration du soleil des millénaires durant. Le "Dies Solis". Le "dieu soleil" que Rome a incité toute la terre a adoré, serait-ce sans conséquences ? 2 Pierre 3 : 10 – 14 « *Le jour du Seigneur viendra comme un voleur ; en ce jour, les cieux passeront avec fracas, les éléments embrasés se dissoudront* ». Le soleil qui fut déifié des millénaires durant, sera également l'élément par lequel la sentence de la destruction des Hommes tombera au jugement dernier par Dieu, à la fin du monde. Que les Hommes comprennent très bien les enjeux de leurs actes qu'ils considèrent à tort d'inoffensifs ! A ce propos justement, quel rôle jouera le "soleil" au retour de Jésus à la fin du monde ? 2 Pierre 3 : 10 – 14 « *Et la terre avec les œuvres qu'elle renferme sera consumée. Puisque donc toutes ces choses doivent se dissoudre, quelles ne doivent pas être la sainteté de votre conduite et votre piété, tandis que vous attendez et hâtez l'avènement du jour de Dieu, à cause duquel les cieux enflammés se dissoudront et les éléments embrasés se fondront ! Mais nous attendons, selon sa promesse, de nouveaux cieux et une nouvelle terre, où la justice habitera. C'est pourquoi, bien-aimés, en attendant ces choses, appliquez-vous à être trouvés par lui sans tache et irrépréhensibles dans la paix.* »

Ce même "soleil" tant adoré les dimanches, des siècles durant, à quoi servira-t-il après la deuxième résurrection des pécheurs ? *Apocalypse 20 : 9 – 10* « *Et ils montèrent sur la surface de la terre, et ils investirent le camp des saints et la ville bien-aimée. Mais un feu descendit du ciel, et les dévora. Et le diable, qui les séduisait, fut jeté dans l'étang de feu et de soufre, où sont la bête et le faux prophète. Et ils seront tourmentés jour et nuit, aux siècles des siècles.* »

SOMMAIRE

12. Les disciples pouvaient-ils changer le jour du repos s'ils le souhaitaient ? *Mathieu 5 : 18 ; Deutéronome 4 : 2*

Réponse :

……………………………………………………………………..

13. Quel jour est-ce ? *Apocalypse 1 : 10 ; Exode 20 : 10 ; Esaie 58 : 13 ; Marc 2 : 28.*

UN MEMORIAL DE LA RESURECTION DE JESUS-CHRIST.

14. Comment la Bible appelle-t-elle le dimanche ? *Ezéchiel 46 : 1*

15. D'où vient la sainteté du dimanche ? *Mathieu 15 : 3-9*

16. Qu'a donné Jésus pour commémorer sa mort, son ensevelissement et sa résurrection ? *Romains 6 : 3 – 6 ; Colossiens 2 : 12*

Réponse : *Le ……*

UN MEMORIAL DE LA RESURECTION DE JESUS-CHRIST.

17. Comment la Bible appelle-t-elle le dimanche ? *Ezéchiel 46 : 1*

18. D'où vient la sainteté du dimanche ? *Mathieu 15 : 3-9*

19. Qu'a donné Jésus pour commémorer sa mort, son ensevelissement et sa résurrection ? *Romains 6 : 3 – 6 ; Colossiens 2 : 12*

LE CHANGEMENT DE CALENDRIER

CLOUE A LA CROIX

20. Quels Sabbats ne sont plus obligatoires depuis la croix ? *Colossiens 2 : 14 – 17*

21. Que disent les Eglises observatrices du dimanche à ce sujet ?

Baptiste

Catholique

Autres dénominations

Eglise du Christ

Episcopale

Méthodiste

Luthérienne :

MON AMOUR ET MON OBEISSANCE

22. L'Apocalypse dit-elle que le peuple de Dieu garde ses commandements ? Oui. Trois fois, *Apocalypse 12 : 17 ; 14 : 12 ; 22 : 14* Pourquoi ? *Hébreux 5 : 9*
23. Que nous dit Jésus à ce sujet ? *Mathieu 15 : 3 ; Jean 14 : 15*
24. Voulez-vous être du côté de la tradition et perdre, ou du côté de la vérité et vaincre ?

    Réponse : ....
25. Désirez-vous les bénédictions que Dieu donne à quiconque observe le Sabbat ?

    Réponse : ....

    LE PEUPLE NE RESPECTAIT PAS LE SABBAT.
26. Quel jour les élus observeront-ils sur la nouvelle terre ? *Esaie 66 : 22- 23*
27. Pour quel motif vais-je obéir à Dieu ? *Jean 14 ; 15*
28. Que dois-je faire pour adorer Dieu comme Créateur ? *Exode 20 : 8-11*
29. Pourquoi l'observation du Sabbat devrait-elle être une source de joie ?
30. Aimez-vous suffisamment Jésus pour garder tous ses commandements, sans tarder ?

Réponse :

…………………………………………………………………………

IMPORTANCE DES SABBATS

31. De quels bénéfices étaient accompagnés autrefois l'observation des Sabbats ? *Exode 16 : 23 – 29*

32. Qui avait observé en premier le Sabbat ? *Exode 20 : 8 - 11*

33. Quelle était la punition du peuple autrefois du refus d'observation des sabbats ? *Lévitique 26 : 34 – 37*

34. Dieu avait-il permis à son peuple de reconnaitre son jour de repos, et de communion avec Lui exclusivement ? *Exode 16 : 4 – 5*

35. Combien d'années a duré la grâce salutaire d'observation du Saint Sabbat, par le peuple israélite dans le désert ? *Josué 5 : 6*

36. Au temps d'Ezéchiel quel était le souci de Dieu ? *Ezéchiel 22 : 26*

37. Que dit Dieu à propos des tentatives de changer sa loi ? *Deutéronome 4 : 2*

FAISONS UNE PAUSE, ICI, A LA SUITE DE CETTE SERIE SUR LA PROPHETIE ET LA DOCTRINE D'APOCALYPSE ET LE SCEAU DU DIABLE, AVANT DE CONCLURE NOS PROPOS SUR !

RAPPEL DES CONQUETES SANGLANTES DE L'ISLAM SIMILAIRES A CELLES DU CATHOLICISME

38. Quand sonne la 5ème trompette, quelle clef est donnée ? *Apocalypse 9 : 1*

39. Comment les guerriers sont-ils présentés ? *Apocalypse 9 : 3, 7*

40. Qui est libéré quand sonne la 6ème trompette ? *Apocalypse 9 : 14*

CONCLUSION

DANS LA MEME COLLECTION D'ETUDES BIBLIQUE

DANS LA MEME COLLECTION D'ETUDE BIBLIQUE :

1. LE BAPTEME DE JESUS-CHRIST, L'ONCTION DU SAINT DES SAINTS.
2. LA PURIFICATION DU SANCTUAIRE, SATAN EST CHASSE HORS DU CIEL.
3. LA FIN DU MONDE DANS LA BIBLE ET LE SIGNE DE LA BETE, LE « 666 ».
4. LE GRAND SIGNE DE LA BETE, LE (666) REVELE.
5. COMMENT LES HOMMES ONT-ILS DEJA PRIS LE (666) LE SIGNE DE LA BETE SUR LE FRONT ?
6. COMMENT LES HOMMES ONT-ILS DEJA PRIS LE (666) LE SIGNE DE LA BETE SUR LA MAIN ?
7. LES DIX COMMANDEMENTS DE DIEU ET LE SALUT EN JESUS-CHRIST.
8. LA DIME, LE PECHE DE JUDAS DANS L'EGLISE CONTEMPORAINE APOSTASIEE.
9. QUELS SONT LES AUTRES SIGNES DE LA BETE ?
10. LE FONCTIONNEMENT DE L'EGLISE APOSTAT.
11. LE PARADIS ET L'ESPERANCE CHRETIENNE.
12. L'EGLISE, LES CHRETIENS.
13. QUI EST LE VRAI DIEU ?
14. IL YA UN SEUL DIEU !
15. IL YA UN SEUL SEIGNEUR !
16. IL YA UN SEUL ESPRIT !
17. IL YA UNE SEULE FOI !

Printed by Books on Demand GmbH, Norderstedt / Germany